Les Musulmans Français

Sur les 15 millions de Musulmans recensés en Europe de l'Ouest, plus de 5 millions sont installés en France qui est l'Etat occidental comptant la plus forte proportion de Musulmans au sein de sa population.

Depuis le début des années 2000, le phénomène islamiste ne cesse de croître, essentiellement concentré dans les banlieues des grandes agglomérations. Les extrémistes sont devenus des acteurs majeurs des zones sensibles et les signes de progression de l'islam radical s'observent chaque jour. Le ministère de l'Intérieur évalue à 50 000 le nombre de nouveaux convertis dans notre pays en quelques années.

Dans les mosquées fondamentalistes, l'islam est inculqué aux populations par des prédicateurs radicaux, souvent étrangers, qui tiennent un discours de rupture vis-à-vis des institutions républicaines et prêchent un racisme antifrançais. Les islamistes se consacrent à la remise en cause des lois et coutumes de la société française pour y substituer leurs pratiques traditionnelles, en totale opposition avec nos institutions démocratiques et laïques. Malgré la faible proportion d'islamistes parmi la communauté musulmane française, leur activisme virulent est d'autant plus préoccupant qu'il n'y a pas de frontière étanche entre l'islam fondamentaliste et le terrorisme.

Or, la lutte contre le terrorisme islamiste, consécutive aux attentats du 11 septembre 2001 et à la campagne d'Afghanistan, a révélé l'existence de filières de recrutement djihadistes sur notre territoire, à Paris comme en province. Ainsi, nos banlieues sont des viviers de recrutement, depuis lesquelles plusieurs centaines de jeunes Français musulmans se sont déjà rendus en Bosnie, en Tchétchénie, en Afghanistan ou en Irak, combattre aux côtés des moudjahidines et y recevoir une formation terroriste.

Les motivations de ces départs relèvent à la fois du contexte sociologique spécifique de la troisième génération d'immigrés, du manque de repères de la partie la plus déshéritée de la jeunesse française - pour laquelle le passage par les camps du djihad semble donner un sens à l'existence - et de la situation au Moyen-Orient, où le conflit israélo-palestinien et l'occupation de l'Irak renforcent la victimisation des islamistes radicaux.

Mais les effets de l'islamisme ne concernent pas seulement la sécurité intérieure ; ils touchent aussi la sphère économique et les activités de certaines entreprises. La pression islamiste s'exerce dans les entreprises, principalement selon deux modalités : le prosélytisme militant et contestataire et le développement de trafics susceptibles d'alimenter la cause du djihad. Cette poussée fondamentaliste dans les entreprises impacte sur certaines activités économiques, notamment en générant de nouveaux risques sectaires et criminels, propres aux zones de consommation urbaines et périurbaines dans lesquelles elles sont implantées. Cela n'exclut nullement l'hypothèse d'attentats contre les acteurs économiques.

L'islam en France

L'islam est devenu, depuis deux décennies, la seconde religion pratiquée en France, derrière le catholicisme et devant le protestantisme et le judaïsme.

Les Musulmans de France sont essentiellement issus des trois pays de l'ex-Afrique du Nord française (Maroc, Algérie, Tunisie) et dans une moindre mesure des pays de l'Afrique subsaharienne, des Comores, de Turquie et du Moyen-Orient. Les pratiques culturelles de l'islam français se différencient de celles de l'islam de Grande-Bretagne, originaire du Moyen-Orient, et de celui d'Allemagne, d'influence turque. Ces nuances n'existent cependant pas pour les formes les plus intégristes de la religion du Prophète.

La nécessité de disposer d'une main d'œuvre à bas coût pour soutenir la croissance au cours des « trente glorieuses » a conduit les autorités françaises à faire appel à ces populations avec lesquelles des liens historiques existaient depuis la colonisation du Maghreb à la fin du XIXe siècle. Puis, le regroupement familial, autorisé au cours de la seconde moitié des années 1970, et la montée en puissance de l'immigration clandestine, à partir des années 1980, ont produit ce résultat de plus de 5 millions de Français - mais aussi d'étrangers - musulmans.

Travailleurs immigrés, légaux ou clandestins, se sont ainsi établis momentanément puis durablement en France pour des raisons économiques. Ils se sont installés dans les banlieues des grands centres urbains où ils ont logiquement et légitimement reproduit leurs lieux de cultes et une partie de leurs modes de vie traditionnels. Pendant près d'un demi-siècle, aucun problème de coexistence n'est apparu. Toutefois, l'accroissement régulier de la proportion des Musulmans en France et la montée en puissance de l'islam radical dans le monde ont peu à peu changé la donne.

Les chiffres

Selon un rapport de la Direction centrale des Renseignements généraux (DCRG), remis début juin 2004 au ministre de l'Intérieur de l'époque, Dominique de Villepin, des centaines de quartiers sensibles présentent des signes inquiétants de repli communautaire aggravé, notamment sous l'influence de la montée en puissance de l'islam radical.

Huit critères ont été retenus par les RG pour définir les quartiers sensibles :

- *un nombre important de familles d'origine immigrée, pratiquant parfois la polygamie ;*
- *un fort tissu associatif communautaire ;*
- *la présence de commerces ethniques ;*
- *la multiplication des lieux de culte musulmans ;*
- *le port d'habits orientaux et religieux ;*
- *les graffitis antisémites et anti-occidentaux ;*
- *l'existence, au sein des écoles, de classes regroupant des nouveaux arrivants ne parlant pas français ;*
- *la difficulté à maintenir la présence de Français d'origine.*

Sur les 630 quartiers sensibles que surveillent les RG, la moitié serait ghettoïsés ou en voie de l'être. Cela concerne approximativement 1,8 million d'habitants des zones urbaines et périurbaines. Toutes les régions sont concernées par ce phénomène. A titre d'exemple, l'agglomération de Blois (Loir et Cher, 54 000 habitants), a priori modeste préfecture de la vallée de la Loire, compte une ZUP de 18 000 âmes, dans laquelle les forces de l'ordre ont de grandes difficultés à intervenir.

L'intégrisme

La caractéristique majeure de ces quartiers est : la violence, le non-respect de l'ordre républicain, le cumul de handicaps sociaux et culturels et la montée en puissance de l'islam radical. Les populations qui y vivent conservent les pratiques culturelles et les modes de vie traditionnels de leurs pays d'origine. Cela se traduit dans les faits par une forte endogamie, une pratique non négligeable de la polygamie, la connexion à des programmes de radio et de télévision étrangers, par l'émergence de modes de régulation sociale des conflits parallèles aux institutions et par une vie associative repliée, organisée en fonction de l'origine des immigrés.

Dans ces quartiers, on observe une perte de clientèle "européenne" dans les hypermarchés particulièrement fréquentés par des consommateurs musulmans portant le voile ou d'autres signes extérieurs religieux. Il y a souvent fermeture des commerces de proximité, soit parce qu'ils ne correspondent plus au marché local soit sous la pression ou la menace islamiste. A Evry, la volonté des gérants d'un Franprix de ne plus vendre ni porc ni alcool avait provoqué, en 2002, la colère du maire qui dénonçait la ghettoïsation du quartier. La construction de nouvelles mosquées de grande taille - comme celle de Massy, en Essonne - regroupant plusieurs anciens édifices vétustes, risque fort d'accroître cette tendance. Les immigrés qui sont en voie d'intégration cherchent à quitter au plus vite ces quartiers sensibles.

Cette préoccupante dérive communautariste est aggravée par la récente montée en puissance d'un islam radical qui prospère dans ce contexte favorable.

Les religieux extrémistes sont devenus des acteurs majeurs des zones sensibles et leur prosélytisme intégriste porte peu à peu ses fruits. Les signes de progression de l'islam radical se mesurent principalement au port d'habits religieux et à la différence croissante entre les modes de vie des hommes et des femmes dans ces quartiers. Les services du ministère de l'Intérieur évaluent de 30 000 à 50 000, le nombre de nouveaux convertis dans notre pays en quelques années, notamment parmi les jeunes.

Les Français convertis sont souvent les plus virulents, qu'il s'agisse des hommes épousant des femmes musulmanes et leur imposant un port strict du voile - pour montrer leur bonne application des "principes" de l'islam - ou des épouses françaises d'islamistes originaires d'Afrique du Nord. Selon un autre rapport des Renseignements généraux du 5 août 2003, les convertis à l'islam dans le département de l'Essonne représentent "un phénomène préoccupant et en pleine expansion".

Ces conversions sont notamment dues à la forte implantation, dans ce département, du mouvement Tabligh, une organisation piétiste indo-pakistanaise. Or, dès 1995, les RG considéraient que le Tabligh constituait l'organisation d'où émergeait, depuis une dizaine d'années déjà, la plupart des responsables de l'islam radical en France.

Les imams intégristes sont pour la plupart de nationalité étrangère, souvent en situation irrégulière et ne parlent pas - ou à peine - le français. Pourtant, ce sont eux qui détiennent aujourd'hui la véritable influence et non pas les institutions musulmanes de France ou la mosquée de Paris, lesquelles n'ont qu'un « contrôle » partiel sur leurs coreligionnaires.

Les antennes paraboliques

Un facteur-clé de la progression de l'islam radical est la télévision. La diffusion de certains programmes télévisuels, ainsi que la distribution de cassettes vidéos et la multiplication de sites internet, jouent un rôle clé dans l'islamisation. En effet, une proportion croissante de Musulmans, travaillés par les intégristes, écoute, depuis nos banlieues, les prêches fondamentalistes émis depuis le Yémen, le Soudan, le Pakistan et l'Arabie saoudite. Et de plus en plus fréquemment, les islamistes radicaux cherchent à évincer les imams officiels des mosquées. On constate, depuis dix ans, l'essor des chaînes de télévision par satellite extra-européennes captées au moyen d'antennes paraboliques, implantées sur les toits et les balcons de nos banlieues, dont Al-Jazira, Al Arabiya ou Al-Manar sont les plus connues.

Plus de 10 millions de personnes y ont accès en France, plus de 100 millions en Europe. Certaines populations immigrées ont ainsi trouvé un moyen de rester en contact avec leurs communautés d'origine, en particulier de conserver des attaches linguistiques et culturelles.

Ce phénomène crée de véritables espaces politiques et religieux virtuels, dont les ressortissants, quoique présents sur notre sol, sont davantage en communion et en communication avec des valeurs et des interlocuteurs basés à l'étranger. Ainsi, dans nos banlieues, l'islam fondamentaliste se nourrit à la fois des frustrations locales et de l'actualité internationale (intifada palestinienne, exemple de Ben Laden, intervention américaine en Irak, etc.). Des responsables de lycées parisiens à forte proportion d'immigrés révèlent "nous vivons au rythme des événements du Moyen-Orient".

Or, certains programmes TV tiennent des discours opposés aux idées démocratiques ou de tolérance qui fondent notre système. C'est le cas de la chaîne du Hezbollah, diffusée un temps en France. Elle faisait à la fois du prosélytisme religieux - diffusant à longueur de journées des sourates du Coran - et tenait des propos ouvertement antisémites. Beaucoup de Musulmans radicaux, par rejet de la télévision occidentale, voient leurs sources d'informations réduites à ces seuls outils de propagande. Lorsqu'on sait que les Français regardent la télévision en moyenne trois heures par jour, cela permet de saisir l'énorme pouvoir d'influence que peuvent avoir ces chaînes de télévision. C'est également le cas des sites internet islamistes hébergés hors de France, sur lesquels aucun contrôle n'est possible.

Une frange de notre jeunesse se laisse ainsi séduire par les sirènes d'une idéologie dont les buts sont ouvertement opposés aux valeurs de notre société démocratique.

Dans les mosquées fondamentalistes, l'islam est inculqué aux populations par des prédicateurs radicaux qui tiennent un discours de rupture vis-à-vis des institutions républicaines et prêchent un racisme antifrançais exacerbé et un antisémitisme obsessionnel.

Les manifestations de ce militantisme actif se font sentir à de nombreux niveaux de la vie quotidienne. L'école est devenue le lieu d'une radicalisation des pratiques religieuses (ramadan, interdits alimentaires) et d'une remise en question de l'enseignement de certaines matières (histoire, sciences naturelles, mixité dans le sport). Dans les cités, les jeunes filles subissent des pressions constantes pour porter le voile et l'on constate une dégradation du statut des femmes vivant à l'européenne, qui sont régulièrement victimes d'injures et de violence.

Le milieu hospitalier est de plus en plus fréquemment le théâtre de revendications et de comportements nouveaux : couloirs transformés en lieux de prière, internes voilées, psychiatre étranger consultant, dans le sud de la France, avec le Coran sur la table, etc.

Certains soignants s'absentent régulièrement pour aller prier, réclament de porter le voile, s'interdisent de travailler avec un collègue de l'autre sexe dans l'intimité d'une chambre, etc.

Sous la pression de maris intégristes, les femmes demandent à être auscultées par des personnels féminins et refusent la consultation avec les hommes, y compris aux urgences ; certaines vont même jusqu'à accoucher en burqa. Un chef de clinique a été agressé au couteau par un homme d'origine africaine déchaîné à l'idée qu'un médecin touche sa femme.

Le phénomène s'observe jusque dans le milieu carcéral. Sous couvert de religion, certains détenus musulmans refusent toute autorité de la part du personnel féminin de l'administration pénitentiaire. Près d'une centaine de détenus, notamment les condamnés pour terrorisme, disséminés dans plusieurs prisons différentes, alimentent la contestation. Selon les RG, la promiscuité entre jeunes détenus de droit commun et islamistes convaincus se livrant au prosélytisme constitue une bombe à retardement car elle renforce la collusion entre le monde du crime et les islamistes.

La laïcité

Selon Tariq Ramadan, dont les avis sont très écoutés dans la communauté musulmane, un croyant doit respecter les lois de son pays d'accueil tant que ce cadre ne s'oppose pas à un principe islamique. Dans une de ses cassettes, il insiste : "Tout ce qui dans la culture dans laquelle nous vivons ne s'oppose pas à l'islam, on peut le prendre". Ce qui exclut le reste. Il est également très clair sur le fait que "les Musulmans doivent militer pour faire évoluer la laïcité de façon à ce qu'elle coïncide avec leur vision fondamentaliste et politique de l'islam".

Or, en France, depuis 1905, les lois de la République sont supérieures aux pratiques culturelles et religieuses. La laïcité ne signifie pas le déni de la religion. La loi républicaine permet à la religion de demeurer dans la sphère privée, rendant ainsi possible la cohabitation pacifique et harmonieuse des différents cultes et offrant la possibilité de croire ou de ne pas croire. Elle assure la paix religieuse et la liberté de culte dans les limites de la loi.

L'affaire du voile à l'école en a été l'illustration. Elle a culminé en décembre 2003, au moment de la remise du rapport de la Commission de réflexion sur l'application du principe de laïcité dans la République, présidée par Bernard Stasi. Face à cette progression significative de l'islam radical et au discours anti-républicain qu'il véhicule, le ministère de l'Intérieur a accru sa surveillance des milieux fondamentalistes et les autorités ont été amenées à réagir devant des actes et des comportements qui sont en contravention totale avec nos lois.

Début décembre 2003, à Fontenay-aux-Roses et à Antony (Hauts-de-Seine), deux associations musulmanes s'occupant d'enfants en bas âge ont été fermées en raison de leur proximité avec les milieux islamistes. Des cours d'arabe et de Coran étaient dispensés à des enfants de 4 à 6 ans par des prédicateurs notoirement salafistes. En janvier 2004, il en a été de même à Argenteuil (Val d'Oise). Mais surtout, plusieurs imams ont été pris en flagrant délit de diatribe anti-occidentale en régions parisienne et lyonnaise.

En réaction, depuis le début de l'année 2004, sept prédicateurs radicaux ont été l'objet d'arrêtés d'expulsion:

- *deux imams turcs appartenant au mouvement extrémiste Kaplan, ont été expulsés le 6 janvier pour « propos antisémites et anti-occidentaux »*

- *Abdelkader Yahia Cherif, Algérien de 35 ans prêchant à Brest, a été expulsé le 14 avril 2004 en raison de son « prosélytisme en faveur d'un islam radical » et de ses « relations actives avec la mouvance islamiste prônant des actes terroristes »*

- *Chellali Benchellali, père d'un des détenus français libéré de Guantanamo arrêté en Afghanistan, a été mis en examen, écroué et est en attente d'expulsion pour « association de malfaiteurs en relation avec une entreprise terroriste »*

- *Abdelkader Bouziane, l'imam de Vénissieux a été expulsé le 20 avril 2004 pour «complicité d'apologie de crime et provocation directe non suivie d'effet à porter atteinte à l'intégrité d'une personne » il a également défendu la polygamie dans une interview à un quotidien lyonnais. Mais il a pu revenir en France suite à l'action de son avocat. Il est considéré par les RG comme le chef spirituel des groupes salafistes en France*

- *Ali Yashar, irakien, imam de la mosquée d'Argenteuil, est considéré par les RG comme l'un des principaux propagandistes de la doctrine salafiste en Ile de France. Ecroué depuis le 10 mai 2004, il est en attente d'expulsion*

- *Midhat Güler, responsable du mouvement extrémiste turc Kaplan en France, a été expulsé le 19 mai 2004 pour « incitation à la haine de l'Occident dans les sermons et glorification du djihad ».*

Mais les autorités, dans un souci légitime d'évitement des tensions intercommunautaires, font généralement preuve d'une retenue étonnante dans l'application des lois républicaines. Selon un fonctionnaire de la préfecture de police, "*il y a un fossé entre la loi et la gestion des situations au quotidien (…) il est difficile de demander à une femme d'enlever son voile lors d'un contrôle d'identité*". Pourtant, nos voisins belges, dont les lois antiterroristes sont moins abouties que les nôtres, n'ont pas hésité à imposer la nécessité de faire voir son visage lors de contrôles d'identité. Jean Chabrol, le directeur départemental de la Sécurité publique des Yvelines, craint "*qu'un fonctionnaire de police refusant de prendre la plainte d'une femme voilée ne soit pas soutenu par la hiérarchie*".

Un cas est particulièrement symptomatique : celui d'une jeune femme originaire d'Afrique du Nord, gardien de la paix au 2e district de la division de l'ordre public et de la circulation de la préfecture de police de Paris. Le 25 août 2004, elle refuse, pour des raisons religieuses, d'enlever le voile qu'elle porte sous sa casquette. Le lendemain, pour les mêmes motifs, elle ne veut plus serrer les mains de ses collègues masculins et refuse également de porter bâton et menottes. Cette affaire est remontée jusqu'au préfet de police de Paris, là où une simple sanction disciplinaire du chef de service aurait suffi pour tout autre fonctionnaire.

La sociologie

Si la France compte plus de 5 millions de Musulmans, l'immense majorité d'entre eux sont des citoyens paisibles. La proportion d'islamistes radicaux ne représente que 5 à 10% de cette communauté, soit 300 000 à 500 000 personnes (0,5% à 1% de la population totale).

Mais leur activisme est intense. La ghettoïsation des banlieues et la montée en puissance de l'islam intégriste dans les quartiers sensibles, essentiellement peuplés de populations immigrées, sont symptomatiques du malaise profond des communautés musulmanes de France, tout particulièrement des jeunes hommes de la troisième génération de l'immigration, en échec d'intégration. Nous sommes ainsi confrontés à un problème sociologique profond au carrefour de quatre problématiques : celle de la jeunesse, celle des banlieues, celle de l'intégration des immigrés et celle de l'islam.

La première génération, arrivée au cours des années 1960 (les grands-pères), venait en France chercher du travail, sans objectif prémédité de s'installer durablement en métropole. Certains s'y implantèrent finalement. Dès lors, la finalité pour la seconde génération (les pères) était l'intégration complète dans la société française. Ils n'ont donc pas cherché à transmettre à leurs enfants le patrimoine culturel de leur pays d'origine - au-delà d'une tradition familiale - se voulant désormais citoyens français. Soucieux de s'intégrer dans la nation, ils ont élevé leurs enfants dans une logique française.

Mais aujourd'hui, la troisième génération constate l'échec relatif de la tentative d'intégration de la précédente, tout en n'ayant elle-même que très peu de perspectives. Ils reprochent à leurs parents et à leurs grands-parents de s'être trompés quant à leurs chances de réussite en France. Aussi, ces « fils » se retournent-ils vers leur autre culture grâce à laquelle ils espèrent retrouver une identité qui ne leur semble pas possible d'acquérir en France. Mais ils n'ont aucune notion réelle de cet héritage patrimonial car ni leurs pères ni leurs grands-pères n'ont jugé utile de le leur transmettre.

Ils sont donc doublement déphasés. Il y a ainsi un phénomène de rupture entre les générations d'immigrés, les jeunes se sentant doublement floués de n'être pas intégrés dans la société française et de n'avoir pas reçu l'héritage culturel du pays d'origine de leurs ascendants. Une partie importante d'entre eux se replie, avec beaucoup de passion et d'excès, sur les valeurs islamiques, perçues comme un retour aux sources. Cela explique en partie que les plus virulents d'entre eux, dans cette quête de leur identité d'origine, adoptent des comportements religieux bien plus intégristes que ceux de leurs parents.

Par ailleurs - et dans la même logique - derrière la volonté d'imposer le port du foulard aux femmes, s'exprime un phénomène de réappropriation de la virilité des jeunes d'origine nord-africaine. En effet, leurs sœurs et leurs femmes s'intègrent beaucoup mieux qu'eux dans la société française : par le biais des études supérieures qu'elles réussissent, par le biais de mariages mixtes, par l'adoption d'une féminité occidentale, etc. Les jeunes hommes qui n'arrivent pas à ce résultat souhaitent notamment remettre les femmes "à leur place" et prendre une revanche ; d'où le rôle emblématique du foulard et l'écho que reçoivent les prêches intégristes sur le rôle de la femme dans la société islamique.

A travers l'adhésion à l'islam radical - jusque dans ses manifestations djihadistes - il y a aussi une forme de romantisme révolutionnaire. Quelle que soit la raison de leur non-intégration, les jeunes des banlieues sont assoiffés d'aventure virile comme on peut logiquement l'être à la sortie de l'adolescence. Une partie des activistes parvenus jusqu'en Afghanistan, répond à ce type de logique.

A l'origine, jusqu'au 11 septembre 2001, l'islam et le djihad n'étaient pas en contravention avec les lois françaises. Certains jeunes partaient s'entraîner puis se battre contre les Soviétiques en Afghanistan, c'est-à-dire contre l'ennemi de l'Occident, soutenus par les Etats-Unis. Puis les conflits en ex-Yougoslavie et en Tchétchénie ont été de nouveaux « terrains de jeux ». Pour beaucoup, le recrutement par les imams était le début de l'aventure : on leur remettait de faux papiers, de l'argent liquide, des ordres et des courriers à transmettre. Ils partaient à Londres rencontrer d'autres Musulmans et avaient parfois des contacts clandestins. C'était la grande aventure, comme beaucoup de jeunes gens rêvent de la vivre.

Il faut considérer à ce titre que la suppression du service militaire a eu un effet négatif. Par le passé, nombre de jeunes Français près de sombrer dans la délinquance ont trouvé les valeurs qui leur manquaient après un séjour exigeant sous les drapeaux, dans un régiment parachutiste ou d'infanterie de marine. Les jeunes des banlieues d'aujourd'hui s'inscrivent pleinement dans un tel phénomène.

Enfin, il y a l'impact du décalage entre les rêves des jeunes et la réalité, conséquence directe de la facilité dans laquelle les nouvelles générations ont été élevées. Si l'on excepte le sport et les médias, qui peuvent permettre aux plus doués de connaître une réussite fulgurante en quelques années, force est de constater qu'il y a un fossé énorme entre ce dont ces jeunes rêvent et ce qu'ils peuvent effectivement réaliser. Le travail n'est pas pour eux une valeur, d'autant que leur absence de diplôme les conduira vers des postes sans attrait, faiblement rémunérés. Ce n'est donc pas en travaillant qu'ils réaliseront leurs rêves.

La délinquance, puis la criminalité sous toutes ses formes, sont des activités plus prometteuses à leurs yeux. Cette « entrée » dans l'illégalité n'est guère combattue par les parents qui n'ont sur leurs fils qu'une influence limitée, en raison du divorce intra-générationnel évoqué plus haut. Il y a donc une alliance objective - quoique non systématique - entre les délinquants et les « barbus » pour faire des banlieues sensibles des zones de non-droit dans lesquelles la police ait le plus grand mal à pénétrer. A l'écart de l'ordre républicain, l'islamisme radical et la criminalité peuvent ainsi se développer et donner naissance à de véritables réseaux terroristes.

L'Islam Terroriste

De tous les pays occidentaux, c'est la France qui a été, le plus tôt, confrontée au terrorisme islamique, sur son sol comme à l'étranger. Depuis plus d'un quart de siècle, ses services de police et de renseignement travaillent sur cette menace que Paris a été le premier à dénoncer comme le danger majeur du XXIe siècle, sans être suivi, au début, par ses alliés.

La confrontation de la France avec le terrorisme islamique a revêtu trois visages successifs et différents :
- les actions terroristes chiites impulsées par l'imam Khomeiny au cours des années 1980, manifestation du terrorisme d'Etat iranien
- les attentats de réseaux algériens, en prolongation du conflit ensanglantant leur pays, au cours des années 1990. Ces actes ont illustré une nouvelle collusion entre le terrorisme et le grand banditisme (réseau Khaled Khelkal notamment)
- les réseaux liés à la nouvelle dynamique Ben Laden, à partir des années 2000, dont certains sont solidement implantés au cœur de notre société, dans nos villes et dans nos banlieues.

Si au cours de la décennie 1980, le terrorisme islamique était exogène, au cours des années 1990 et 2000, les nouveaux réseaux djihadistes implantés sur notre territoire n'ont cessé de prendre de l'ampleur. Depuis 15 ans, les connexions entre les banlieues, le terrorisme international, la criminalité et l'islam radical n'ont fait que se renforcer. Ce phénomène trouve son aboutissement avec la présence de ressortissants français dans les camps d'entraînement taliban en Bosnie et aux côtés d'Al-Qaeda, au Maroc, en Australie, en Tchétchénie et, plus récemment, en Irak.

La cause terroriste

La lutte contre le terrorisme islamiste, consécutive aux attentats du 11 septembre 2001 et à la campagne d'Afghanistan, a révélé l'existence de filières de recrutement djihadistes sur notre territoire, à Paris comme en province. Certes, le phénomène n'est pas nouveau. Le coup de filet commun des RG et de la DST dans les milieux islamistes proches du GIA, en 1993, avait donné lieu à 105 interpellations et à de nombreuses condamnations.

Un an plus tard, la police découvrait qu'une partie des activistes du réseau ayant perpétré les attentats de Marrakech en 1994 avaient suivi un entraînement militaire en Asie centrale. Combien de jeunes des banlieues ont-ils séjourné dans les camps du djihad ? Quelles sont leurs motivations ? Que sont-ils devenus ? Les questions ne manquent pas. Il est essentiel de comprendre le processus qu'est susceptible de suivre un jeune Français épousant la cause islamiste.

La majorité des jeunes de nos banlieues n'accueille pas toujours les imams prédicateurs à bras ouverts, car ceux-ci prêchent des attitudes contraires à leur mode de vie (femmes, voitures, argent, voire alcool et trafics). Les « barbus sectaires » touchent surtout les plus fragiles psychologiquement, ceux qui recherchent un idéal ou une structure de pensée les rassurant.

La population « travaillée » par les « prêcheurs de haine » n'est pas homogène ; elle se compose d'individus de différentes origines : des Français d'origine nord-africaine (beurs), des jeunes issus de couples mixtes, des Français de souche, convertis à l'islam - qui sont parfois les plus exaltés - des Antillais et des ressortissants nord-africains - algériens notamment - vivant ou séjournant dans nos banlieues. L'effet de la prédication sur ces jeunes entraîne des transformations fondamentales qui les conduisent à une adhésion intégrale à la religion du Prophète et à ses valeurs les plus intégristes, puis à une fuite en avant vers le prosélytisme, la lutte et le terrorisme. Tel a été le cas d'Hervé « Djamel » Loiseau, retrouvé mort dans les montagnes afghanes. Mais le plus souvent le jeune qui s'engage dans le djihad ne connaît en fait pas grand-chose à l'islam, si ce n'est les quelques versets que citent aussi les pourfendeurs de la religion du Prophète, pour dénoncer le caractère belliciste de cette religion.

Il importe également de comprendre que la double rhétorique "islam + combat" a un réel pouvoir d'attraction chez une certaine frange des jeunes de banlieue, en mal d'intégration ou en manque de repères. Cela apparaît comme une perspective exaltante qui leur permet de sortir de leurs "zones", de s'ouvrir l'horizon et de partir à l'aventure. Dans un prêche qui circulait en 2002 dans certaines mosquées, le prédicateur comparait la lutte armée à un loisir. « Partir au djihad, c'est bien mieux que des vacances à Los Angeles. C'est l'aventure.

Vous êtes nourris, blanchis, vous découvrez de somptueux paysages et en plus vous aidez vos frères». La propagande est ainsi faite que les jeunes volontaires ont réellement le sentiment de s'en aller lutter, les armes à la main, pour le bien et contre le mal, à l'autre bout du monde. Cette vision romantique du djihad est bien loin de la réalité qu'ils vont rencontrer, car "le djihad n'a rien d'une rébellion généreuse (...) Tous ceux qui empruntent son chemin finissent derrière les barreaux... dans le meilleur des cas.

Une telle démarche de "départ" pour un musulman n'a rien d'exceptionnel. C'est la darwâ, c'est-à-dire le devoir de prêche et d'extension de la religion. Bien sûr, tout croyant ne le fait pas. Mais, le départ en darwâ ne signifie pas l'intégration dans un groupuscule terroriste : il y a des étapes et des filtres. C'est le mouvement Tabligh qui a longtemps assuré l'essentiel du recrutement des futurs djihadistes. Le Tabligh n'est pas un mouvement terroriste, mais il prépare le terreau où peut se développer la violence. En effet, "La conversion à l'islam d'individus fragiles comporte indubitablement un risque de dérive terroriste".

La Haine contre la France

Salafia est un terme arabe qui signifie « les pieux prédécesseurs ». Ce mouvement enjoint les musulmans à se référer aux compagnons du Prophète Mohammed. Seuls, ou presque, le Coran et les Hadiths (les « dits » du Prophète) font loi. Le wahhabisme, né à partir de la fin du XVIIIe siècle, a structuré le salafisme contemporain vu comme un « réveil » musulman. Mais l'on peut en faire remonter les origines à Ibn Taymiyya au XIVe siècle de notre ère, à une époque où le Moyen-Orient est « cerné » par les Mongols et les Croisés.

On estime les salafistes au nombre de 15000 à 20000 personnes en France. Il s'agit de Français ou de convertis. Ils ne cherchent pas du tout à être reconnus dans la société, à la différence des Frères musulmans et d'un Tariq Ramadan qui prônaient l'action politique pour lutter contre ce qu'ils percevaient comme un rejet des musulmans. Les salafistes quiétistes, les plus nombreux, sont dans une quête de sens et de religiosité. Ils recherchent un idéal de pureté et font de la prédication.

Cela séduit les personnes en rupture avec la société, dans les territoires relégués, mais aussi parmi les classes moyennes, notamment des jeunes gens, filles ou garçons, qui sont en révolte contre leurs parents. Concernant la mouvance « djihadiste qui ne représente qu'une minorité des salafistes, c'est aussi le besoin d' « aventure » et « d'héroïsme ». Leur slogan pourrait être « Faites la guerre, pas l'amour !» Ils sont contre les valeurs libérales. Ils rejettent tout le monde et à leurs yeux, le musulman impur est encore pire qu'un chrétien ou un juif.

Les Frères musulmans exerçaient une pression et détenaient une sorte de magistère. Ils avaient tendance à prendre de haut ceux qui ne parlaient pas arabe. De plus, des directives pouvaient venir de l'extérieur. Les salafistes, même s'ils travaillent avec des intermédiaires parfois formés à Médine, en Arabie Saoudite, sont libres de se constituer en communautés ou en cellules. Il y a, dans ce mouvement, un côté étonnamment moderne.

Au contraire de l'islamisme, le salafisme n'est donc ni un mouvement religieux à revendication politique, ni une organisation à proprement parler, plutôt une tendance de « régénération » de la foi et de réislamisation de la société. Un salafiste peut être considéré comme un musulman « ultra-orthodoxe ».

Le salafisme prône :

- le retour à l'islam des origines par l'imitation de la vie du Prophète, de ses compagnons et des deux générations suivantes ;
- le respect aveugle de la sunna (tradition islamique, comprenant le Coran, les hadiths et la sira).
- toute interprétation théologique, en particulier par l'usage de la raison humaine, accusée d'éloigner le fidèle du message divin ;
- toute piété populaire ou superstition, comme le culte des saints, jugé contraire à l'unicité de Dieu (tawhîd) ;
- toute influence occidentale, comme le mode de vie et la société de consommation, mais également la démocratie et la laïcité.

En France, dans les années 1980, les salafistes ont d'abord été assimilés à des fondamentalistes ou des traditionnalistes. Les années 1990 et la guerre civile algérienne ont donné une tribune aux prédicateurs salafistes dans les banlieues françaises, qui acquièrent une nouvelle visibilité grâce à l'Internet. Plus récemment, de jeunes convertis et d'autres issus de l'immigration ayant tenté la hijra (l'installation en Arabie séoudite) en sont revenus déçus. Se concevant comme une groupe social communautaire « puriste », confortés par l'émergence des salafistes tunisiens et égyptiens lors des « printemps arabes », ils contestent davantage l'influence des Frères musulmans.

Aujourd'hui, le salafisme se décline en trois courants principaux :

- Le salafisme « cheikhite » ou quiétiste, inspiré par le wahhabisme et les cheikhs implantés en Arabie séoudite, en Jordanie ou au Yémen, peut être considéré comme le plus littéraliste et le plus largement majoritaire à travers le monde. Uniquement préoccupé de vivre en symbiose avec les prescriptions coraniques, celui qui adopte cette forme de salafisme « de prédication » professe un certain mépris pour la vie sociale et politique et les courants engagés en politique, tels les Frères musulmans. Sous l'égide du cheikh Mohammad Nasser Al Dîn Al Albani (mort en 1999), du Yéménite Moukbil ou de l'imam algérien de Marseille, Abdelhadi Doudi, cette stratégie s'appuie sur une prédication non violente et non directement politique. La foi « revivifiée » doit naturellement transformer la société et, par-delà, le monde entier.

• Al Sahwa al Islamiya (« le Réveil islamique »), une tendance directement inspirée d'un courant plus politique, conduite en 1991 par les deux cheikhs wahhabites Salman Al Awda et Safar Al Hawali contre feu le roi Fahd après la première guerre du Golfe. Il trouve son origine dans la vive protestation d'une partie des oulémas contre l'entrée de l'armee américaine en Arabie séoudite.

En Algerie, Ali Belhadj se réclamait d'Al Albani mais le FIS recevait Al Awda avec tous les honneurs dans de son plus grand meeting en 1991 dans un stade d'Alger. L'influence des deux personnages a diminué en raison de la montée du salafisme radical et autres tendances réformistes. Hawali fut atteint, en 2005, d'une forte hémorragie cérébrale ; quant à Awda, qui ne se situe plus sur le terrain de la contestation, ses relations avec le royaume séoudien sont désormais au beau fixe. La référence la plus citée de ce courant reste le Syrien Mohammad Sourour, qui veut rétablir le pouvoir des religieux face aux politiques. Ayant vécu longtemps à Birmingham, en Grande-Bretagne, il y a créé le Centre islamique, toujours en activité. Ce courant minoritaire accepte de se lancer dans la politique quand ils estiment que l'identité islamique est remise en cause en Occident. Nés et ayant grandi en Occident, ces salafistes sont prêts à négocier leurs votes auprès des élus. Dans ces cas, ils deviennent des concurrents directs des Frères musulmans, avec lesquels ils partagent alors une stratégie d'entrisme dans la vie politique et se disputent la même clientèle.

• Le salafisme « jihadiste » suit, lui, une ligne révolutionnaire : il constitue la base intellectuelle du terrorisme et des opérations suicide, encourageant des actions violentes contre les Occidentaux. Inspiré par l'expérience du Frère musulman égyptien Sayyed Qotb ou du Jordanien Abou Mohamed Al Maqdissi, il statue que tout musulman a l'obligation, où qu'il soit, de porter le fer contre ceux, musulmans ou non, qui oppriment les « musulmans pieux ».

Né au cours de la guerre contre les Soviétiques en Afghanistan durant les années 1980, ce courant est le fruit de la rencontre entre la doctrine traditionaliste séoudienne et la stratégie de prise de pouvoir des Frères musulmans. C'est sur ce terrain mythique témoin de la victoire des moudjahidin contre la puissante URSS, que la plupart des liens se sont créés entre les futurs terroristes islamistes de la planète, depuis la Jamaah islamiya indonésienne jusqu'au GICM (Groupe islamiste combattant marocain). Dès lors, les salafistes jihadistes se prononcent pour le combat armé destiné à libérer les pays musulmans des occupations étrangères et des régimes jugés impies. Ils fustigent à la fois les islamistes pour leur manque de piété et les autres courants salafistes pour leur « hypocrisie » face aux États occidentaux.

Ce jihadisme est celui mené par Al Qaïda et développé par Al Zawahiri et Abou Mossab, qui portent la lutte à l'échelle mondiale tandis que d'autres privilégient d'abord le combat dans un cadre national (Tchétchénie, Irak, Palestine, Algérie). La dimension meurtrière de ce jihad est favorisée par la diffusion d'images sur vidéocassettes, CD-Rom et sur l'Internet, et culmine dans la seconde moitié des années 1990 jusqu'aux attentats du 11 septembre 2001, de Bali (2002), de Madrid (2004) et de Londres (2005). Son action est néanmoins battue en brèche dès le lendemain des attentats de New York.

L'intervention de l'OTAN en Afghanistan, l'interdiction progressive de toutes les cellules de soutien telles celles de certaines ONG et le volontarisme de tous les États auparavant rétifs à s'attaquer aux bases arrières du terrorisme (Royaume-Uni, Malaisie, Afrique de l'Est) ont considérablement limité le champ d'action du terrorisme jihadiste, même si le Pakistan et l'Afghanistan restent les maillons faibles du dispositif en offrant l'asile aux derniers combattants.

Les États musulmans eux-mêmes alternent les politiques de répression avec celles du « rachat », permettant aux anciens jihadistes de s'amender. Ainsi l'amnistie des repentis en Algérie a-t-elle peut-être permis l'arrêt de la guerre civile en 1997. La politique plus subtile des autorités égyptiennes qui ont négocié dès 1997, avec les membres de la Gamaa islamiyya le repentir dans leur prison, en est un autre exemple. Toutefois, les flux continus des jihadistes en Irak et la permanence des bases salafistes, bien que majoritairement quiétistes, prouvent que le terreau du jihadisme demeure vivace.

On assiste depuis 2011 à l'effacement spectaculaire d'Al Qaïda, dont la mort du chef Ossama Ben Laden, en mai 2011, a constitué le point d'orgue. Les mouvements religieux, tant islamistes que salafistes, n'ont pas participé au déclenchement des soulèvements populaires dans le monde arabe et les tentatives de récupération ont plutôt consacré la montée des islamistes « politiques », tels Annahda en Tunisie et les Frères musulmans en Égypte.

Il n'en reste pas moins que cette petite minorité de salafistes fait une lecture « révolutionnaire » de l'islam, qui rendrait légitime l'usage de la violence. Ils se voient comme des combattants pour une cause « juste »: l'instauration d'un État islamique qui préfigurera l'avènement de la justice de Dieu sur terre.

En France

La France constitue un véritable pôle de l'organisation en Europe. Les salafistes européens, âgés de 18 à 35 ans environ, sont un phénomène nouveau. Les salafistes sont estimés entre 20.000 et 30.000, dont un quart à un tiers de convertis issus de milieux catholiques ou protestants (Français « de souche métropolitaine », Antillais, Congolais, Zaïrois...). Ces derniers, désirant « compenser » une vie jusque lors éloignée de l'islam, sont souvent les plus radicaux.

Les salafistes « quiétistes » sont légalistes et se soumettent au système législatif européen, meme si une loi contrevient à un principe religieux ; c'est le cas pour le voile des femmes, que les « quiétistes » ont appelé à ne pas porter si la loi l'exigeait. De la même façon, ils ont condamné toute forme de violence politique et d'actions terroristes après les attentats du 11 septembre, certains conseillant même aux musulmans occidentaux à collaborer avec les services de sécurité pour dénoncer une personne ou une organisation prônant la violence

C'est le changement de stratégie de la France, qui a décidé en août 2014 de rejoindre la coalition internationale, qui explique le changement de stratégie de l'EI, qui est passé depuis plus d'un an à une stratégie de djihad global, comparable à ce que faisait Al-Qaïda, et non plus à une stratégie de gain territorial et militaire."

Abou Mohammed al-Adnani, le porte-parole officiel de Daesh, a encouragé les djihadistes à travers le monde à tuer tous les ressortissants des pays membres de cette coalition. Néanmoins, l'impact de l'engagement français dans la coalition n'est pas le déclencheur de la haine particulière des djihadistes de l'Etat islamique envers la France.

Tous rêvaient de faire des attentats en France, même avant que la stratégie de l'EI ne passe d'un djihad régional à un djihad global. Mehdi Nemmouche revient pour commettre ses attentats en Europe avant qu'il existe une consigne en ce sens de l'EI.

La France est l'incarnation d'un projet universaliste rejeté par Daesh et que c'est aussi le pays colonisateur qui en a le plus renié les valeurs dans ses pratiques coloniales, notamment en Algérie.

Mais alors, pourquoi la France est-elle plus touchée que le Royaume-Uni, par exemple, qui est également membre de la coalition et qui a un passé colonial tout aussi chargé et peu glorieux ? Car celui de la France était principalement concentré au Maghreb, or les Maghrébins sont nombreux dans les rangs de l'EI.

La France est aussi le pays d'Europe qui compte le plus grand nombre de ressortissants au sein de l'EI. Au sein de l'EI, tous les combattants francophones combattent ensemble – Français, Belges, Maghrébins – et fournissent potentiellement beaucoup plus de volontaires que les anglophones par exemple. Sans compter que la France est aussi bien plus facile d'accès que les Etats-Unis ou le Royaume-Uni car sur le continent européen.

Mais au-delà de l'histoire géopolitique de la France, une raison idéologico-religieuse est à mettre dans la balance: l'unité de la France, d'après le chercheur, a été obtenue grâce à l'exclusion de la religion, considérée comme source de conflits, alors que dans les autres pays, cela s'est fait plus en douceur.

La France a plus de mal que les autres à trouver son identité et à assumer son passé chrétien. Être français ne peut se résumer à une adhésion aux principes républicains. Cette fragilité est très bien perçue par ceux qui veulent nous détruire. Les débats sur la laïcité ou encore la loi sur le voile n'ont rien arrangé. La stratégie de Daesh est donc de prouver que l'idéologie que porte le principe de laïcité en France n'est pas tenable.

L'État islamique essaie de faire en France ce qu'il a parfaitement réussi en Irak, en multipliant les violences envers certaines communautés, à savoir finir par convaincre les différentes communautés qu'elles ne pouvaient plus vivre ensemble.

Le chiffre

Neuf-cent trente personnes venant de France sont actuellement impliquées dans le djihad en Irak et en Syrie annonce le ministre de l'Intérieur, Bernard Cazeneuve. Selon le ministre, «350 sont sur place, dont 60 femmes. Environ 180 sont repartis de Syrie et 170 sont en transit vers la zone». «230 ont exprimé des velléités de départ. À ce total de 930 s'ajoutent 36 personnes décédées là-bas», a-t-il précisé.

En France, environ 950 personnes sont impliquées dans les filières syriennes, qu'elles y combattent actuellement (350), qu'elles soient en transit (150), rentrées (180), ou qu'elles aient des velléités de départ (220), selon un récent rapport parlementaire. Concernant les départs évités ces derniers mois à la suite de la mise en place de la plate-forme de signalement depuis le printemps, Bernard Cazeneuve a indiqué que «au moins 70 départs» ont pu être évités sur «350 signalements, dont 80 mineurs et 150 femmes».

La stratégie d'Israël

Charlie Hebdo

En commettant deux attaques (assez banales selon les normes israéliennes) ils ont semé la panique dans toute la France, jeté des millions de personnes dans les rues, réuni plus de 40 chefs d'États à Paris. Ils ont modifié le paysage de la capitale française et d'autres villes de France en mobilisant des milliers de militaires et de policiers pour protéger des cibles potentielles juives et autres. Pendant plusieurs jours ils ont dominé les informations du monde entier.

Pour d'autres terroristes islamiques potentiels d'Europe et d'Amérique, cela doit représenter un énorme succès. C'est une invitation pour des individus et des groupuscules à refaire la même chose, partout. Le terrorisme signifie répandre la peur. Les trois de Paris ont à coup sûr réussi à le faire. Ils ont terrorisé la population française. Et si trois jeunes sans aucune compétence peuvent faire cela, imaginez ce que pourraient faire 30, ou 300 !

Mais cette manifestation particulière fut aussi contre-productive. Non seulement elle a prouvé que le terrorisme est efficace, non seulement elle incite à des attaques similaires, mais elle porte aussi atteinte au vrai combat contre les fanatiques.

Pour mener un combat efficace, on doit se mettre dans la peau des fanatiques pour tenter de comprendre la dynamique qui pousse de jeunes musulmans nés sur place à commettre de tels actes. Qui sont-ils ? À quoi pensent-ils ? Quels sont leurs sentiments ? Dans quel environnement ont-ils grandi ? Que peut-on faire pour les faire changer ? Après des décennies de désintérêt, c'est une rude tâche. Cela demande du temps et du travail, sans garantie de résultats. Il est beaucoup plus facile pour les politiques de défiler dans la rue devant les caméras. Et qui marchait au premier rang, rayonnant comme un vainqueur ? Bibi Netanyahu…

Comment a-t-il fait pour arriver là ? Les faits se sont déroulés en un temps record. Il semble qu'il n'était absolument pas invité. Au contraire, le président François Hollande lui avait adressé un message explicite : je vous en prie, je vous en prie, ne venez pas. Cela ferait de la manifestation une expression de solidarité avec les Juifs, au lieu d'une protestation publique en faveur de la liberté de la presse et d'autres "valeurs républicaines". Nétanyahu vint malgré tout, escorté de deux ministres d'extrême droite.

Placé au second rang, il fit ce que font les Israéliens : il s'est poussé à côté d'un président noir placé devant lui pour se mettre au premier rang. Une fois là, il se mit à adresser des signes aux gens des balcons le long du parcours. Il était rayonnant, comme un général romain à son défilé triomphal. On peut imaginer les sentiments de Hollande et des autres chefs d'États – qui affichaient une attitude solennelle et triste de circonstance – face à cette manifestation de culot.

Nétanyahu est venu à Paris dans le cadre de sa campagne électorale. En vétéran chevronné, il savait que trois jours à Paris, avec la visite de synagogues et des discours de fierté juive, valaient plus que trois semaines à domicile, à polémiquer. Le sang des quatre Juifs assassinés dans le supermarché kasher n'était pas encore sec, que les dirigeants israéliens appelaient les Juifs de France à faire leurs bagages pour venir en Israël. Israël est, comme chacun sait, l'endroit le plus sûr au monde.

C'était là une réaction sioniste instinctive, presque automatique. Les Juifs sont en danger. Leur seul refuge sûr est Israël. Hâtez-vous de venir. Le jour suivant, les journaux israéliens annonçaient joyeusement qu'en 2015 plus de 10.000 Juifs français étaient près à venir vivre ici, poussés par un antisémitisme croissant. Apparemment, il y a beaucoup d'antisémitisme en France et dans les autres pays d'Europe, mais probablement beaucoup moins que d'islamophobie. Mais la lutte entre Juifs et Arabes sur le sol français à peu de rapports avec l'antisémitisme. C'est un combat importé d'Afrique du Nord.

Quand la guerre de libération algérienne éclata en 1954, les Juifs de là-bas durent choisir leur camp. Presque tous choisirent de soutenir la puissance coloniale, la France, contre le peuple algérien.

Il y avait à cela des antécédents historiques. En 1870, le ministre français de la justice, Adolphe Crémieux, qui se trouvait être juif, accorda la citoyenneté française à tous les Juifs algériens, les mettant à part de leurs voisins musulmans.

En vain. Les Juifs locaux, fiers de leur citoyenneté française, apportèrent loyalement leur soutien aux colonialistes. À la fin, les Juifs jouèrent un rôle important dans l'OAS, le mouvement français extrémiste clandestin qui mena une lutte sanglante contre ceux qui combattaient pour la liberté. Il en résulta que tous les Juifs fuirent l'Algérie avec les Français lorsqu'arriva le jour du choix. Ils n'allèrent pas en Israël. Ils allèrent presque tous en France. (*À la différence des Juifs marocains et tunisiens, dont beaucoup vinrent en Israël. En général, les plus pauvres et les moins éduqués choisirent Israël, tandis que l'élite d'éducation française alla en France et au Canada.*)

Ce à quoi nous assistons maintenant est la poursuite de cette guerre sur le sol français entre Musulmans et Juifs algériens. Les Juifs "français" tués lors de l'attaque avaient tous les quatre des noms nord-africains et ils ont été enterrés en Israël.

Pas sans difficultés. Le gouvernement israélien a exercé de fortes pressions sur les quatre familles pour enterrer leurs fils ici. Elles voulaient les enterrer en France, près de chez eux. Après beaucoup de marchandage sur le prix des tombes, les familles ont fini par donner leur accord.

Les deux termes – antisémitisme et sionisme – sont apparus à peu près en même temps, vers la fin du 19e siècle. Theodor Hertzl, le fondateur du mouvement sioniste, en a conçu l'idée lorsqu'il travaillait en France comme correspondant étranger d'un journal de Vienne pendant l'affaire Dreyfus, lorsqu'un antisémitisme virulent en France atteignit de nouveaux sommets. (*Antisémitisme, cela va de soi, n'est pas le mot qui convient. Les Arabes sont des sémites, eux aussi. Mais le mot est en général employé pour désigner seulement ceux qui ont la haine des Juifs.*)

Plus tard, Herzl courtisa les dirigeants ouvertement antisémites de Russie et d'ailleurs, les appelant à l'aide et promettant de les délivrer des Juifs. C'est aussi ce qu'ont fait ses successeurs. En 1939, l'Irgoun clandestin projeta une invasion de la Palestine avec l'aide de généraux profondément antisémites de l'armée polonaise. On peut se demander si l'État d'Israël aurait pu voir le jour en 1948 s'il n'y avait pas eu l'Holocauste. Récemment, un million et demi de Juifs russes ont été poussés en Israël par l'antisémitisme.

Le sionisme est né à la fin du 19e siècle en réponse directe au défi de l'antisémitisme. Après la révolution française, la nouvelle idée nationale s'est emparée de toutes les nations européennes, grandes et petites, et les mouvements nationaux étaient dans leur ensemble plus ou moins anti-sémites.

La croyance fondamentale du sionisme est que les Juifs ne peuvent vivre nulle part ailleurs que dans un État juif, parce que la victoire de l'antisémitisme est partout inéluctable. Laissez les Juifs d'Amérique se réjouir de leur liberté et de leur prospérité – tôt ou tard cela aura une fin. Ils sont condamnés comme les Juifs de partout en dehors d'Israël.

La nouvelle atrocité de Paris ne fait que confirmer cette croyance fondamentale. Il y a eu très peu de commisération en Israël. Plutôt, un sentiment inavoué de triomphe. La réaction instinctive des Israéliens ordinaires est : "On vous l'avait dit !" et aussi : "Venez vite, avant qu'il ne soit trop tard !"

Le fait qu'Israël tire profit de l'attentat de Paris a conduit des médias arabes à penser que toute l'affaire n'est en réalité qu'une opération "sous fausse bannière" ("false flag" en anglais). Donc, dans le cas présent, les auteurs arabes étaient en réalité manipulés par le Mossad israélien.

Après un crime, la première question qui vient à l'esprit est "cui bono", à qui ça profite ? Il est évident que le seul à sortir vainqueur de cette atrocité est Israël. Mais en tirer la conclusion qu'Israël est derrière les Jihadistes est une pure absurdité.

Il est simplement de fait que l'ensemble du Jihadisme islamique sur le territoire européen ne nuit qu'aux Musulmans. Les fanatiques de toute espèce viennent généralement en aide à leurs pires ennemis. Les trois musulmans qui ont perpétré les atrocités de Paris ont certainement rendu un grand service à Benjamin Nétanyahu.

Benjamin Netanyahu a déclaré lors d'une visite à la résidence de l'ambassadeur de France Patrick Maisonnave :

*« Nous réaffirmons notre engagement à travailler ensemble pour vaincre les ennemis des valeurs démocratiques que nous chérissons tous. Nous devons lutter contre ces ennemis de notre civilisation commune. Ces terroristes qui ont abattu des journalistes à Paris ; ils décapitent les travailleurs humanitaires en Syrie ; ils enlèvent écolières au Nigeria ; ils détruisent des églises en Irak ; ils égorgent les touristes à Bali ; **ils tirent des roquettes sur des civils depuis Gaza, ils s'efforcent de construire des armes nucléaires en Iran**. Ils peuvent avoir des noms différents : ISIS, Boko Haram, **Hamas**, al-Shabab, Al-Qaïda, ou **Hezbollah**. Mais tous sont entraînés par la même haine et le même fanatisme sanguinaire. Et chacun d'entre eux cherchent à détruire nos libertés et à nous imposer à tous une violente, la tyrannie médiévale. C'est une lutte mondiale. Et ce n'est que le début... Cela doit être suivi par un assaut, dans le monde entier, contre les forces de l'Islam radical. C'est le combat de tout le monde. Les terroristes ont montré qu'ils ont la volonté de nous écraser, mais ils n'ont pas cette capacité. À présent, nous devons montrer que nous avons la volonté de les vaincre et de les*

écraser. C'est l'essence de la bataille que nous livrons : la liberté contre la barbarie. La liberté doit gagner, mais pour gagner, nous devons être ensemble et combattre ensemble. »

Les « Services »

Mobiles et isolés, les terroristes savent souvent se mouvoir à l'insu des services de police : ils connaissent leurs techniques pour avoir souvent eu maille à partir avec la justice. Déterminés, accoutumés à la violence extrême, familiers des stratégies de dissimulation, ces individus frappent sans prévenir des cibles sans défense. Jamais les démocraties européennes n'ont été confrontées à un phénomène djihadiste aussi diffus et massif. Comment s'organiser face à ce phénomène qui se fond aussi aisément dans une société démocratique, échappant à la surveillance des services de sécurité ?

En mai 2013, la mission parlementaire sur le renseignement, dirigée par Jean-Jacques Urvoas, président (PS) de la commission des lois de l'Assemblée nationale, avait estimé que la stratégie française face au terrorisme était *« partiellement caduque »*. Il considérait qu'il fallait remplacer la Direction centrale du renseignement intérieur (DCRI) par une Direction générale de la sécurité intérieure (DGSI). *« L'affaire Merah ne procède pas des dysfonctionnements de la DCRI, elle les révèle »*, affirmait-il alors.

Les conseils de la mission ont été entendus : la DGSI a vu le jour le 2 mai 2014. Elle n'a cependant pas été en mesure d'empêcher les agissements de Mehdi Nemmouche ou des assaillants de *Charlie Hebdo*. Au sein de la DGSI, on rappelle que ces dernières années, l'Etat, en matière de lutte contre le terrorisme, a donné la priorité à la Direction générale de la sécurité extérieure (DGSE).

Renseignement Généraux

Attachés à leur métier et à l'aspect régalien de leurs missions, les fonctionnaires du Renseignement des SDIG ont eu, dès le départ, le sentiment qu'une telle réforme allait accentuer les clivages entre services au détriment de leur efficacité dans l'aide à la décision pour les autorités gouvernementales.

Force est de constater que les craintes et les doutes émis alors, sont aujourd'hui avérés. Depuis plus de quatre ans, désormais, de nombreux dysfonctionnements sont apparus au sein des services, au point d'être largement relayés par la presse et d'alerter les instances de la République confrontées à une crise majeure sur le plan économique et sociétal.

Depuis sa création en juillet 2008 au sein de la DCSP, l'Information Générale, malgré un arrêté fixant clairement les missions, des circulaires régulièrement diffusées fixant les « modus operandi », s'est heurtée à un problème historique et structurel de la DCSP, le fonctionnement déconcentré livré aux forces centrifuges des DDSP.

La sous-direction centrale ayant cessé d'être soutenue par sa direction, ces forces centrifuges se sont données libre cours et ont provoqué toute une série de dysfonctionnements dont on peut dresser le quasi-inventaire à la Prévert suivant :

• Un régime disparate selon les zones géographiques :

Il n'existe pas de fonctionnement homogène des services d'Information Générale au sein des départements, chacun d'eux dépendant de la volonté du DDSP sans trajectoire d'ensemble.

Le renseignement, l'analyse, la synthèse sont, par essence, des missions qui doivent bénéficier d'une vision, d'une animation, d'objectifs fixés par la centrale et déclinés par les préfets selon les paramètres locaux. L'ensemble tire sa force de la complémentarité. Or, il existe aujourd'hui autant de visions différentes qu'il y a de DDSP.

La présence des responsables des SDIG aux réunions Préfecture se fait à la discrétion des DDSP, au détriment de la remontée de l'information.

Les régimes de permanences ou d'astreintes des fonctionnaires sont différents d'une zone géographique à une autre. Certains fonctionnaires se voient dans l'obligation de mutualiser leurs missions avec celles de la sécurité publique, y compris les permanences judiciaires.

Le formalisme des notes d'information est différent d'une zone géographique à une autre. Les moyens informatiques, opérationnels et en véhicules s'avèrent souvent insuffisants selon les priorités décrétées par les DDSP. Et si le chef de l'IG ose demander un arbitrage à Paris sur tel ou tel point, il a de très grandes chances aujourd'hui de se voir désavouer au profit de son DDSP.

Cette absence totale d'harmonisation obère l'efficacité opérationnelle de l'IG et empêche l'établissement d'une physionomie réelle des menaces à l'échelonnational.

Au démarrage, l'Information Générale s'est retrouvée dans tous les départements et en centrale, en sous-effectifs, la majorité des personnels ayant été affectés en RI (à peine plus de 1000 personnels actifs en IG au 1er juillet 2008 sur les 3500 existant à la DCRG).

Certes, au fil des années, un rééquilibrage quantitatif a été opéré (actuellement, 1800 personnels hors gendarmes mais avec les personnels administratifs), bien souvent au détriment de la qualité.

Ainsi, ces types de renforts n'apportent pas de plus-value quantitative pérenne au sein des SDIG et ne créent pas d'emplois supplémentaires avec fiches de postes correspondantes dans la mesure où il s'agit en réalité d'un apport ponctuel d'effectifs, par voie de détachements, sans aucune garantie de maintien au sein des services IG.

Malgré le déficit réel d'effectifs et les difficultés de tous ordres, les personnels de la SDIG ont relevé le défi et démontré depuis 2008, leur capacité à faire face aux multiples demandes (du dossier des retraites au conflit actuel concernant le futur aéroport de Notre-Dame-Des-Landes).

S'agissant des moyens matériels, ils ne sont toujours pas à la hauteur des besoins, notamment dans le domaine opérationnel (téléphones portables professionnels, véhicules, matériels de surveillance et de filature...). Il est vrai qu'au moment de la réforme, la majeure partie de ces moyens a été absorbée par la DCRI. A titre d'exemple, le SDIG Marseille n'a été doté d'un appareil photographique qu'en septembre 2012...

Surtout, l'absence de fichiers adaptés aux investigations du domaine de l'information générale, la réduit à fournir des renseignements parfois incomplets sur des thématiques telles les violences urbaines, l'islam modéré, les mouvances extrémistes notamment et ne permet pas le recoupement de certaines informations. Pour autant les autorités continuent à avoir les mêmes exigences.

La DCSP n'a pas jugé utile de mettre en place un plan de formation complet adapté aux missions de l'IG. Quelques stages de base essentiels (protection de personnalités, rédaction de notes, traitement de sources humaines) sont proposés mais ne couvrent bien évidemment pas le spectre des métiers du renseignement et des thématiques y afférant.

Cette situation est d'autant plus préjudiciable que désormais, la majorité des personnels affectés depuis plus de quatre ans en IG ne possèdent pas la culture du renseignement.

En outre, on soulignera la difficulté majeure que représente la méconnaissance, de la part de la hiérarchie et des fonctionnaires non formés, ainsi que des gendarmes, du caractère sensible et confidentiel de la production IG. En effet, il a été constaté à plusieurs reprises des diffusions maladroites et dangereuses de notes d'information.

Dans la plupart des DDSP, les SDIG sont perçus comme une force d'appoint pour les sûretés départementales et non comme un outil supplémentaire pour élargir l'éventail des missions par la plus-value « renseignement ».

En effet, il est demandé en priorité aux personnels IG de s'investir dans la lutte contre l'économie souterraine au détriment des autres thématiques qui exigent pourtant un suivi régulier pour répondre au mieux aux commandes des autorités centrales et locales. L'investissement à long terme, la création de réseau d'information, l'analyse sont autant de pesanteurs pour une DDSP soucieuse de rentabilité à la petite semaine.

Les SDIG se sont également, transformés en de véritables « agences de communication » des DDSP, vantant systématiquement « la réactivité, lesang froid et l'efficacité des fonctionnaires de la Sécurité Publique. »

Ainsi, l'important travail de fond réalisé avant la réforme, par les services des renseignements généraux, dans les quartiers sensibles a été abandonné. Alors que les RG avaient développé de solides réseaux de contacts auprès de la population des cités afin de savoir ce qui s'y passait, ce qui s'y disait et de pouvoir relayer, le cas échéant, des messages et surtout d'anticiper les tensions, les services d'information générale sont devenus ou ont été sciemment rendus totalement aveugles dans les quartiers.

Ce dévoiement d'activité a conduit à une démotivation croissante des personnels employés à des tâches ne relevant pas des missions intrinsèques à l'IG (recensement des étrangers en situation irrégulière ; contrôles d'identités sur des campements de roms, dans les squats ; patrouilles de nuit au sein des quartiers sensibles, etc).

S'ajoute à cela un sentiment de déconsidération de la part des fonctionnaires SDIG, dans la gestion de leur carrière, alors même que leur direction de tutelle affiche publiquement un « satisfecit » qui leur apparaît comme « outrageant »… Officiellement la SDIG est un succès ! Sinon il faudra reconnaître ses erreurs…

Associés depuis juillet 2010 aux missions de l'Information Générale, 120 gendarmes font partie intégrante de ses services et participent à l'ensemble des missions (gestion d'un secteur et d'une thématique, voyages officiels, enquêtes administratives).

Toutefois, dans de nombreux départements, il existe toujours de fortes résistances, de la part de la gendarmerie, à admettre le rôle centralisateur départemental du SDIG, au mépris des textes en vigueur (Instruction des DGPN et DGGN en date du 29 juin 2010).

Cette manière d'agir entretient une concurrence stérile entre les deux services et fait perdurer les doublons qui devaient initialement disparaître. Les cellules de renseignements de la gendarmerie continuent de fonctionner de manière autonome sans véritable coordination avec l'IG. Enfin, alors que les gendarmes affectés à l'IG possèdent, outre l'accès aux fichiers gendarmerie, des accès aux fichiers police, la réciproque n'est pas vraie pour les fonctionnaires de l'IG.

Pour autant, la gendarmerie, qui, contrairement à la Sécurité Publique, valorise pour ses effectifs le passage par les services de renseignement, tend à densifier son activité sur ce domaine, formés qu'ils ont été par les SDIG-DCSP, mais n'a pas encore démontré de réel savoir-faire.

Compte-tenu du contexte évoqué ci-dessus, le départ de 40 à 60 % des fonctionnaires formés précédemment au renseignement est enregistré depuis quatre ans, avec une forte accélération depuis 2012 (mutations ou retraites anticipées).

Cette hémorragie de « sachants » obère sérieusement le niveau d'expertise de l'IG et entraine une baisse à la fois qualitative et quantitative de la production, certaines informations étant parfois diffusées sans discernement, avec une prédominance du factuel au détriment de l'analyse.

Rappelons qu'à l'origine, le service est « chargé de la recherche, de la centralisation et de l'analyse des renseignements destinés à informer le Gouvernement et les représentants de l'État dans les collectivités territoriales de la République, dans les domaines institutionnels, économiques et sociales, ainsi que ceux susceptibles d'intéresser l'ordre public et notamment les phénomènes de violences ».

La multiplication des missions (relevant souvent de la sécurité publique pure) et des commandes dans un délai très court est incompatible avec un travail d'analyse et d'initiative. Ce dernier est, dès lors, accompli superficiellement, faute de temps, de moyens et de reconnaissance.

L'absence de coordination peut, en outre, amener une perte d'efficacité, plusieurs services pouvant être amenés à couvrir un même événement. On citera, à titre d'exemple, l'identification de quatre à cinq services de renseignement distincts, enquêtant auprès des mosquées à l'occasion des prêches du vendredi (Mission Islam modéré).

Le cloisonnement des services, surajouté depuis la réforme de 2008, entre SDIG/DCRI/DRPP/Renseignements Gendarmerie, peut amener également des erreurs d'interprétation.

Pour la DCSP, la SDIG est utilisée comme «faire-valoir» au lieu de constituer une aide à la décision pour les autorités. « Gouverner c'est savoir, savoir c'est prévoir. » Or, la censure des notes, opérée par de nombreux DDSP, notamment dans le domaine des dérives urbaines, par crainte d'attirer l'attention des autorités et pour répondre à des statistiques de la DCSP, occulte ou minimise certains faits et ne donne pas une vision objective de la situation au sein des quartiers sensibles.

De même que la DCRI a adopté le mode de fonctionnement DST, la SDIG s'est vue imposer celui de la DCSP. Or, le fonctionnement de la SDIG n'est viable que s'il existe un service central qui impulse et coordonne en permanence les services territoriaux.

Dans la mesure où les DDSP fonctionnent de manière autonome et décentralisée, les SDIG n'entretiennent que des contacts a minima avec l'organe central et priorisent les commandes locales de leur DDSP.

De même, depuis le départ des anciens RG, la SDIG centrale entretient de moins en moins de contacts réguliers avec les chefs SDIG et connaît de moins en moins ses interlocuteurs locaux.

Enfin, l'absence d'échanges transversaux (entre départements, régions et zones) nuit également à une fluidité de l'information, alors que la SDIG a été créée avec des responsables zonaux et régionaux, à qui l'on ne laisse pas l'initiative d'animer leur territoire de compétence.

Il y a eu là aussi un paradoxe à confier à des DDSP qui n'ont pas autorité sur tout leur département, des missions qui peuvent avoir une étendue nationale, zonale ou régionale...

En ce qui concerne le protocole de coopération DCSP/DCRI, signé en 2010, sans consultation du Sous-directeur de l'Information Générale, il n'a eu comme résultante que l'accentuation du doute et de l'incompréhension chez les personnels IG, se considérant comme sous-traitants du RI.

Ce sentiment s'est d'autant plus renforcé avec la mise en place, à la mi-décembre 2012, des bureaux de liaison RI au sein des services zonaux et centraux de l'IG, avec des conséquences notables sur le volume de la production.

Certaines DDSP ont par nature, tendance à confondre «sécurité publique» et «ordre public», ce dernier étant l'une des finalités de l'information générale.

Partant de ce principe, elles se permettent de transmettre l'intégralité des notes d'analyse confidentielles, effectuées en SDIG, à de multiples services de Police mais aussi aux institutions, entreprises privées, organisations syndicales ou associations !...

La confidentialité des documents n'est donc plus assurée tant vis-à-vis des partenaires institutionnels que syndicaux, sociaux ou cultuels.

A cela s'ajoute le fait que la multiplicité des services de renseignement opérant sur le « terrain » génère une grande confusion auprès de ces partenaires ; ces derniers ne maîtrisant pas la « subtilité » des domaines attribués aux uns et aux autres.

LE FN

La structuration interne du FN donne des indications assez précieuses sur les orientations idéologiques. L'organigramme montre une hyper centralisation du pouvoir sur la présidente et sa volonté d'écarter tous risques liés au népotisme, qu'il soit réel (Jean-Marie Le Pen) ou potentiel (Marion Maréchal-Le Pen), ou aux alternatives idéologiques (Steeve Briois, Julien Sanchez ou Stéphane Ravier)...

Après de nombreux déboires qui auraient pu éventuellement nourrir encore l'incertitude sur la véritable nature de son parti, Marine Le Pen vient d'annoncer qu'elle a réussi à constituer un groupe parlementaire au parlement européen avec le Vlaams Belang flamand, le PVV du néerlandais Geerts Wilder, le FPO autrichien de feu Jörg Haider, la Ligue du Nord italienne et quelques autres élus.

Ces partis, ces élus sont nationalistes, xénophobes, le plus souvent racistes voire antisémites. Cette création confirme l'ancrage du FN à l'extrême droite européenne...La presse révèle les pratiques de certains candidats FN, responsables ou ex responsables locaux du parti de Marine Le Pen. Plus d'une centaine de déclarations ou d'actes qui contreviennent aux lois françaises.

Par exemple ce responsable FN qui menait une campagne sur l'augmentation de l'insécurité, qui dénonçait des incendies de voitures auxquelles il mettait lui-même le feu. Par exemple, cet ancien conseiller régional FN dont la condamnation vient d'être confirmée par la Cour de Cassation pour des commentaires xénophobes qu'il a laissé sur sa page Facebook...

Pour respecter le caractère contradictoire de l'argumentation, il est utile de lire le programme tel qu'il est présenté par le parti de Marine Le Pen et les analyses critiques telles qu'elles ont pu être formulées, notamment par l'Express, le Monde, le Figaro, les 20 fiches de Médiapart ou l'Humanité.

En meeting à Perpignan, Marine Le Pen a tenu à réagir suite à l'effroyable attentat survenu en Isère où Yassin Salhi a tué et décapité son patron, avant de tenter d'incendier l'usine à gaz pour mourir en martyr sous le sceau de l'Etat Islamique. "Je demande depuis des mois des mesures fortes: retrouver nos frontières nationales en sortant de la passoire Schengen ; expulser du territoire national les étrangers suspectés de fondamentalisme islamiste ; expulser les binationaux coupables ou complices de ces actes abjects après les avoir déchus de la nationalité française ; des moyens humains pour la police, le renseignement, l'armée, à qui on doit donner des ordres politiques ; geler la construction de mosquées nouvelles et surveiller les prêches" a déclaré la présidente du Front National.

L'élue FN demande également "la fermeture des mosquées salafistes comme l'ont fait l'Egypte ou la Tunisie", ce mouvement étant considéré comme l'antichambre du terrorisme au travers de sa vision extrêmement conservatrice de l'Islam. "Notre pays vient de connaître une nouvelle attaque de nos ennemis terroristes islamistes. Islamistes! Je le dis parce qu'une fois encore, dans les déclarations publiques de François Hollande et de Nicolas Sarkozy, pas une seule fois ce mot n'a été prononcé" a lancé Marine Le Pen.

Marine Le Pen, présidente du FN, a vu lundi 12 novembre dans les propos de Souad Merah, *"fière"* de son frère Mohamed, *"la partie émergée"* d'un iceberg salafiste alors que Louis Aliot, vice-président, va beaucoup plus loin, réclamant déchéance de la nationalité et expulsion pour la jeune femme.

Sur Canal+, l'eurodéputée à la tête du FN a assuré qu'*"en réalité, ce sont des milliers de Français ou d'étrangers sur le territoire français adeptes du salafisme qui considèrent que Mohamed Merah est un héros"*. *"Il suffit de demander aux policiers pour s'apercevoir que, depuis l'affaire, toute une série d'agressions se sont effectuées en son nom et que se sont multipliées dans un certain nombre de quartiers des inscriptions sur les murs à sa gloire*, a poursuivi l'ex-candidate à la présidentielle. *Je pense qu'il y a beaucoup d'autres choses plus graves qu'on peut reprocher à la sœur de Mohamed Merah que ces propos qui sont manifestement des provocations."*